하나님의 임재 연습

The practice of
the presence of God

로렌스 형제

하나님의 임재 연습

The practice of
the presence of God

THE PRACTICE OF THE PRESENCE OF GOD
Brother Lawrence

로렌스(Lawrence) 형제의 이름은 니꼴라 에르망(Nicholas Herman)으로, 1610년경 프랑스 공국이었던 로렌(Lorraine) 지방에서 태어났다. 그의 생애 초기에 대한 자료는 거의 남아 있지 않은데, 이는 그의 출생 기록이 30년 전쟁으로 인해 소실되었기 때문이다.

30년 전쟁에 참전했던 로렌스 형제는 안타깝게도 전쟁 중에 다리에 치명적인 부상을 입게 되면서, 평생 장애를 가지고 살아야 했다. 부상으로 인해 전역하게 된 로렌스 형제는 잠시 재무관인 피우베르의 심부름꾼으로 일하다가 파리에 새로 설립된 수도원에 들어가게 되었다. 그는 수도원에서 100명이 넘는 수도사들을 위해 요리하는 일을 했고, 15년 후에는 신발을 수선하는 일을 했다. 로렌스 형제는 수도원에서 생활하는 동안, 하나님의 임재를 연습하며 살았다. 그는 낮이나 밤에도, 일하는 중이나 휴식하는 중에도, 사소한 일을 할 때조차도 마음속에서 하나님을 생각했다. 지푸라기 줍는 일을 하면서도 하나님의 사랑을 느꼈다. 그는 무엇을 하든 오직 하나님을 위해서 살고자 노력했다. 그런 그의 얼굴은 온화함과 고요한 헌신으로 물들어 있었다. 그렇게 40여 년 동안 하나님의 임재를 실천한 로렌스 형제는 1691년에 세상을 떠났다.

차 례

대화 | CONVERSATION

1. 첫 번째 대화 | 012
2. 두 번째 대화 | 018
3. 세 번째 대화 | 026
4. 네 번째 대화 | 030

편지 | LETTER

1. 첫 번째 편지 | 044
2. 두 번째 편지 | 048
3. 세 번째 편지 | 058
4. 네 번째 편지 | 062
5. 다섯 번째 편지 | 068
6. 여섯 번째 편지 | 072
7. 일곱 번째 편지 | 076

8. 여덟 번째 편지 | 080

9. 아홉 번째 편지 | 084

10. 열 번째 편지 | 088

11. 열한 번째 편지 | 092

12. 열두 번째 편지 | 098

13. 열세 번째 편지 | 102

14. 열네 번째 편지 | 106

15. 열다섯 번째 편지 | 110

해제 및 도움의 글 | 115

CONVERSATION
대화

조셉 드 보포르와 대화할 당시, 로렌스 형제는 50대 후반이었다. 드 보포르는 훗날 로렌스 형제에 대해 '외모는 투박했지만 온화한 인품'을 가진 사람이었다고 회고했다.

FIRST CONVERSATION

첫 번째 대화

그는 우리의 마음과 생각이

하나님으로 가득 찰 때,

우리는 헌신의 큰 기쁨을 얻게 되며,

그것이 우리의 영혼을 숨 쉬게 하고,

참된 마음의 양식을 얻게 할 것이라고 했다.

내가 로렌스 형제를 처음 만난 건, 1666년 8월 3일이었다. 그는 처음 하나님을 만났던 그날에 대해 이야기해 주었다. 그가 18세 때, 하나님께서 특별한 은혜를 베풀어 주셨다고 말이다.

그해 겨울, 로렌스 형제는 나뭇잎이 모두 떨어진 앙상한 나무를 보았다. 그러나 얼마 지나지 않아 앙상했던 나무에 새순이 돋아나기 시작하는 것을 보며, 그는 이내 꽃이 피고 열매가 맺힐 그날을 떠올렸다. 그때 그는 하나님의 섭리와 능력에 대한 깊은 깨달음을 얻었다. 그 깨달음은 그에게 이전과는 다른 세상을 보여 주었고, 이후로도 40년 동안 하나님을 향한 그의 사랑이 결코 시들지 않게 해 주었다.

당시 로렌스 형제는 재무관인 피우베르의 심부름꾼으로 일했다. 그는 자신이 실수가 많고 일을 잘 못하는 어리숙한 사람이었다고 말했다. 그는 좀 더 지혜로워지길 바라며 수도원에 들어가기로 결심했다. 그렇게 자신의 삶을 하나님께 기쁘게 드리고 싶었다. 그러자 그에게 만족감이 찾아왔다. 그는 하나님께서 행하신 일에 놀라지 않을 수 없었다고 말했다.

로렌스 형제는 우리가 하나님과의 끊임없는 대화를 통해 언제나 하나님의 임재를 느낄 수 있어야 한다고 강조했다. 사소하고 어리석은 일에 마음을 빼앗겨 하나님과 대화를 나누지 못한다면, 그것은 부끄러운 일이라고 말했다. 그는 우리의 마음과 생각이 하나님으로 가득 찰 때, 우리는 헌신의 큰 기쁨을 얻게 되며, 그것이 우리의 영혼을 숨 쉬게 하고, 참된 마음의 양식을 얻게 할 것이라고 했다.

그는 우리의 믿음을 일깨우고 생기를 불어넣어야 한다고 말했다. 그는 사람들이 삶의 중심을 믿음에 두지 못하고, 그저 사소한 일들에 만족하며 사는 것에 대해 안타까워했다. 또한 믿음만 있다면 우리가 하나님께 더 가까이 나아갈 수 있다고 말했다. 일상뿐만 아니라 영적으로도 하나님께 자신을 온전히 맡기고, 오직 하나님의 뜻이 이루어지는 것에서 만족을 얻어야 한다는 것이다. 그런 사람은 하나님께서 고난을 통해 이끌어 주시든, 혹은 위로하며 인도해 주시든 다르지 않다.

그는 우리의 기도가 밀물과 썰물처럼 왔다 갔다 하며 흔들리지만, 하나님께서 우리의 마음을 붙잡아 주시면 하나님께 온전히 집중할 수 있다고 했다. 이때는 우리 자신을 완전히 내려놓는 순종이 필요하며, 이 한 가지만으로도 우리의 믿음은 성장할 수 있다.

그는 매일 들려오는 세상 속 불행과 죄악에 대해 크게 놀라거나 이상하게 생각하지 않았다. 오히려 인간들의 죄악에 비해 세상에서 일어나는 불행이 그만큼 많지 않다는 사실에 놀랐다고 했다. 그는 그저 그들을 위해 기도했다. 하나님께서 그분의 때에 그들의 죄악을 바로잡아 주실 것을 믿었기에, 더 이상 염려하지 않았다.

로렌스 형제는 우리가 하나님께서 원하시는 완전한 순종에 이르기 위해서 영적인 일뿐만 아니라 세속적인 일을 대하는 우리의 마음도 주의 깊게 살펴보아야 한다고 말했다. 하나님께서는 우리가 마음을 다해 하나님을 섬기기 원할 때, 우리가 가야 할 길을 보여 주시고 우리를 인도하실 것이다.

이 첫 번째 대화가 끝날 무렵, 로렌스 형제는 어떻게 하나님을 진실하게 섬겨야 할지 대화하기 원한다면, 망설이지 말고 언제든 찾아오라고 말했다. 만약 그가 이렇게 배려해 주지 않았다면, 그와의 대화는 오랫동안 이어질 수 없었을 것이다.

THE PRACTICE OF
THE PRESENCE OF GOD

SECOND CONVERSATION

두 번째 대화

그는 원래 주방에서 하는 일을

좋아하지 않았다.

그러나 모든 일을

하나님의 사랑을 위해서 하려고 노력했다.

또한 그 일을 잘 해낼 수 있도록

하나님께 은혜를 구했다.

로렌스 형제는 자신이 어떻게 이기심을 내려놓고, 사랑으로 이끌리게 되었는지에 대해 말했다. 그는 하나님의 사랑을 모든 행동의 목적으로 삼기로 결심한 후에야 비로소 그런 삶의 방식에 만족할 수 있었다. 그는 하나님을 사랑하기 위해서라면 지푸라기를 줍는 것에서도 기쁨을 느꼈다. 그 외에는 아무것도 필요하지 않았다. 그것이 하나님의 선물일지라도 말이다.

그런 그도 예전에는 자신이 벌을 받게 될 것이라는 어떤 그릇된 믿음 때문에 오랫동안 마음이 괴로웠다고 고백했다. 그때는 세상 그 누구도 이런 그의 생각을 바꿀 수 없었다. 이 마음속 근심은 4년 동안이나 지속되었고, 그동안 그는 큰 고통을 겪었다.

그러나 그는 마침내 결단했다. 종교적인 삶에 얽매이지 않고 하나님을 사랑하기로, 무엇을 하든 오직 그분만을 위해서 살기로 말이다. 자신에게 어떤 일이 일어나든, 멸망하든 구원을 받든 하나님의 사랑을 위해서만 살기로 했다. 언젠가 죽는 그날까지 하나님을 사랑하기 위해서라면 무엇이든 다 하겠다고 결심했다. 그때부터 그는 완전한 자유와 끊임없는 기쁨 속에 거하게 되었다. 그는 죄로 인해 자신이 하나님과 단절됐기 때문에 은혜를 받을 자격이 없다고 생각했지만, 하나님께서는 여전히 그에게 풍성한 은혜를 베풀어 주셨다.

로렌스 형제는 하나님과 끊임없이 대화하고, 우리가 하는 모든 일을 그분께 의지하는 습관을 가지려면 꾸준한 노력이 필요하다고 말했다. 이것이 습관이 되면 조금만 주의를 기울여도 어려움 없이 내면에서부터 그분의 사랑으로 감동하게 될 것이라고 했다.

그는 하나님께서 주신 즐거운 날들이 지나고 나면, 어려움과 고난의 시간도 올 거라고 생각했다. 그러나 그것에 대해 조금도 불안해하지 않았다. 그는 아무것도 할 수 없지만, 하나님께서 고통을 견딜 수 있는 힘 주실 것을 알고 있었기 때문이다.

어떤 선한 일을 할 기회가 주어질 때면, 그는 하나님께 이렇게 기도했다. "주님, 주님께서 도와주시지 않는다면 저는 이 일을 할 수 없습니다." 이렇게 기도하고 나면 그는 충분하고도 넘치는 힘을 얻게 되었다. 그가 일을 다 해내지 못했을 때는 잘못을 고백하며 이렇게 기도했다. "저 혼자서는 실패할 수밖에 없습니다. 제가 넘어지지 않게 붙잡아 주십시오. 잘못된 것을 고쳐 주시는 분은 오직 주님이십니다." 그 이후로 그는 더 이상 불안해하거나 걱정하지 않았다.

로렌스 형제는 우리가 하나님과 함께 단순하게 행동해야 한다고 말했다. 또한 솔직하고 분명하게 하나님께 말씀드리고, 우리가 하는 일 가운데 하나님의 도우심을 구해야 한다고 했다. 하나님께서는 이러한 일에 결코 게으르시지 않다. 이것은 그의 경험에서 우러나온 고백이었다.

그는 최근에 수도원 공동체를 위해 포도주를 사러 부르고뉴로 가게 된 이야기를 해 주었다. 이것은 그에게 달갑지 않은 일이었다. 왜냐하면 그는 거래나 사업이 적성에 맞지 않는 사람이었고, 불편한 다리로 흔들리는 배 위에서 오랜 시간을 보내야 했기 때문이다.

하지만 그는 길고 지루한 여정에 대해서도, 포도주를 사는 과정에 대해서도 전혀 걱정하지 않았다. 그는 하나님께 그 일이 하나님의 일이라고 고백했고, 후에 일을 잘 마쳤다고 했다. 작년에 오베르뉴로 갔을 때도 마찬가지였다. 그는 아무런 걱정 없이 일을 마칠 수 있었다.

그는 원래 주방에서 하는 일을 좋아하지 않았다. 그러나 모든 일을 하나님의 사랑을 위해서 하려고 노력했다. 또한 그 일을 잘 해낼 수 있도록 하나님께 은혜를 구했다. 덕분에 그곳에서 일했던 15년 동안 모든 것이 편안하게 느껴졌다. 그는 지금 자신이 맡고 있는 직분과 자리에 만족했다. 그러나 언제든 그 일을 포기할 준비가 되어 있었다. 그에게는 작은 일이라도 하나님을 사랑하기 위해, 하나님을 기쁘시게 하기 위해 행하는 것이 가장 중요했기 때문이다.

그의 기도 시간은 다른 일상과 크게 다르지 않았다. 그는 가르침을 받은 대로 기도하는 시간을 따로 정해두었지만, 이 시간이 꼭 필요하다고 생각하지 않았으며, 굳이 요구하지도 않았다. 왜냐하면 그는 늘 하나님과 가까이 있었기 때문이다.

그는 모든 일에 있어서 하나님을 사랑해야 한다는 자신의 본분에 대해 알고 있었고, 그러려고 노력했다. 그래서 그에게는 조언해 줄 사람보다 그의 죄를 용서해 줄 수 있는 존재[1]가 필요했다. 그는 자신의 연약한 부분에 대해 잘 알고 있었다. 그러나 그 연약함으로 인해 낙담하지는 않았다. 그는 하나님께 자신의 연약함을 고백하면서 변명하기보다는 평소처럼 평안한 마음으로 사랑과 경건의 실천을 다시 시작했다.

마음이 괴로울 때도 그는 누군가를 찾아가 자신의 마음을 털어놓지 않았다. 오직 신앙의 빛으로 하나님께서 임재하신다는 것을 알았기에, 그는 자신의 모든 행동이 하나님을 향하는 것으로 만족했다. 또한 오직 하나님을 기쁘시게 하고, 그분의 뜻에 맡기고자 하는 소망으로 모든 일을 감당했다.

---

1. 역자주 : 원서의 표기는 'confessor'이며, 카톨릭의 '고해신부'를 의미한다.

그는 헛된 생각들이 모든 것을 망치며, 모든 실수가 거기서 시작된다고 말했다. 그는 헛된 생각을 깨닫는 즉시 그것들을 거부하고, 하나님과의 친밀한 교제로 돌아가야 한다고 강조했다. 처음에는 기도 시간에 헛된 생각을 떨쳐냈다가 이내 다시 그 생각에 빠져드는 악순환이 반복되었다. 그러나 그는 어떤 사람들처럼 특별한 방법으로 기도를 다스릴 수 없었다. 처음에는 일정 시간 동안 묵상과 기도를 할 수 있었지만, 어느새 자기도 모르게 기도에서 벗어나 있음을 발견하곤 했다. 로렌스 형제는 육체적인 고행이나 다른 훈련이 하나님과 사랑으로 연합하는 데 도움이 되지 않는다면 아무런 소용이 없다고 강조했다. 그는 이 점을 놓치지 않았다. 하나님께 가는 가장 가까운 길은 지속적으로 사랑을 실천하는 것이며, 무엇을 하든지 그분을 위해 행해야 한다는 것을 말이다.

그는 지적인 행위와 의지의 행위 사이에는 큰 차이가 있다고 언급했다. 지적인 행위는 상대적으로 가치가 적지만, 의지의 행위는 매우 중요하다. 우리가 해야 할 일은 하나님을 사랑하고 그분으로 인해 기뻐하는 것이다. 하나님의 사랑이 없다면 그 어떤 고행과 노력으로도 죄를 씻을 수 없다. 우리는 오직 마음과 뜻과 힘을 다해 그분을 사랑하려고 노력하고, 예수 그리스도의 보혈로 인한 죄 사함을 바라보아야 한다. 그는 하나님께서 큰 죄를 지은 사람에게 가장 큰 은혜를 베푸시는 것 같다고 말했다. 하나님의 자비와 긍휼을 보여 주는 뚜렷한 징표로서 말이다.

로렌스 형제는 자신이 영적으로 경험한 고통과 기쁨이 이 세상 속 고통과 기쁨보다 훨씬 더 크다고 했다. 그래서 아무것도 두려워하지 않았다. 그는 오직 한 가지만 바랐는데, 그것은 바로 하나님의 뜻을 거스르지 않는 것이었다.

잘못을 저질렀을 때, 그는 마음에 죄의식을 계속 품고 있지 않는다고 말했다. "제가 맡은 일을 다 해내지 못했다면, 저는 즉시 죄를 인정하고 고백합니다. 제가 잘 해냈다면, 이것은 저의 능력이 아니라 하나님께로부터 왔음을 인정하며 하나님께 감사를 드립니다."

THIRD CONVERSATION

세 번째 대화

로렌스 형제는

종종 예비된 하나님의 은혜를 경험했다.

그래서 그는 해야 할 일이 있을 때

미리 염려하지 않았다.

그저 그 일 속에서 틈틈이 맑은 거울을 보듯

하나님께서 예비해 두신 손길을

발견할 뿐이었다.

로렌스 형제는 자신의 영적 생활의 기초는 믿음 안에서 하나님을 끊임없이 생각하고 높여 드리는 것이라고 말했다. 일단 이 기초가 든든하게 세워지면, 그는 불필요한 생각을 거부했다. 그리고 어떤 행동이든 하나님을 사랑하기 위해서 해야 한다는 것 하나만 생각했다.

한때는 오랫동안 하나님을 생각하지 않아도 불안함을 느끼지 않았다. 그러나 하나님의 은혜를 경험한 후로는 하나님에 대한 더 큰 신뢰를 가지고 그분께 돌아올 수 있었다.

그는 우리가 하나님을 신뢰할 때 하나님께 영광이 되고, 은혜를 받을 수 있다고 말했다. 또한 하나님께서는 결코 우리를 속이지 않으시며, 하나님께 사로잡혀 그분을 위해 모든 것을 견디기로 결단한 영혼이 오랫동안 고통 가운데 있도록 두지 않으신다고 말했다.

로렌스 형제는 종종 예비된 하나님의 은혜를 경험했다. 그래서 그는 해야 할 일이 있을 때 미리 염려하지 않았다. 그저 그 일 속에서 틈틈이 맑은 거울을 보듯 하나님께서 예비해 두신 손길을 발견할 뿐이었다. 외적인 일들로 분주해져 하나님에 대한 생각에서 조금 멀어질 때면, 하나님께서 주시는 은혜가 그의 영혼을 감싸며 다시 하나님을 떠올리게 되었고, 스스로를 감당하기 어려울 만큼 열정에 불을 지펴서 그를 사로잡았다. 그는 은퇴하고 수도원을 떠나서 봉사할 때보다 오히려 수도원 안에서 맡은 일을 하며 헌신할 때 더욱 하나님과 하나됨을 경험했다고 말했다.

로렌스 형제는 자신에게 일어날 수 있는 최악의 상황은 오랫동안 누려 온 하나님에 대한 감각을 잃어버리는 것이라고 말했다. 그러나 하나님의 선하심은 그를 결코 버리지 않으시고, 그분이 허락하신 어떤 악이라도 견딜 수 있는 힘을 주실 것이라는 확신을 그에게 주었다. 그래서 그는 아무것도 두려워하지 않았다고 말했다. 그는 자신의 상태에 대해 누군가와 상담할 필요가 없었다. 과거에 상담을 시도해 보았지만, 그럴 때마다 더 혼란스러워질 뿐이었다. 로렌스 형제는 하나님의 사랑을 위해서라면 자신의 생명까지도

내놓을 각오가 되어 있었기에, 그는 위험을 두려워하지 않았다.

그는 하나님께 완전히 순종하는 것이 천국으로 가는 확실한 길이며, 그 길에서 우리의 행위에 충분한 빛이 비추어진다고 말했다. 또한 영적인 삶을 시작할 때는 맡은 일을 충실하게 해내고 자신을 부인해야 하는데, 그렇게 하고 나면 말할 수 없는 기쁨이 따른다고 강조했다. 어려움에 처할 때는 오직 예수 그리스도께 의지하며 은혜를 구해야 하는데, 그러면 모든 것이 수월해질 것이라고 했다.

로렌스 형제는 많은 사람들이 기독교인으로서 성장하지 못하는 이유는 고행이나 특별한 훈련에 집착하면서도 가장 중요한 하나님을 사랑하는 일은 도외시하기 때문이라고 했다. 이것은 그들의 행위에서 명백하게 드러났으며, 우리가 참다운 덕을 보기 어려운 이유이기도 하다. 그는 하나님께 나아가기 위해서는 예술이나 과학이 아니라 오직 자신을 드리고 그분만 사랑하고자 하는 확고한 마음만 있으면 된다고 했다.

FOURTH CONVERSATION

네 번째 대화

놀라운 것은,

그가 하는 어떤 말보다도

실천하는 그의 삶이

사람들에게 더 강한

설득력을 가졌다는 점이다.

그의 얼굴은 온화함과 고요한 헌신으로

물들어 있었다.

로렌스 형제는 그가 하나님께 어떻게 가까이 나아가는지에 대해 열린 마음으로 말했다. 그것은 앞선 대화에서 나누었던 내용들과도 연결되었다. 그는 우리가 하나님께로 나아가는 데 방해가 되는 모든 것을 포기하는 것부터 시작해야 한다고 말하며, 우리가 그분과 끊임없이 대화하는 것에 익숙해져야 한다고 했다. 우리는 하나님께서 가까이에서 함께하신다는 사실을 깨닫고, 매 순간 마음이 하나님께 향하게 해야 한다. 의심이 고개를 드는 그 순간에도 하나님의 뜻을 알기 위해 도우심을 구하고, 그분이 우리에게 요구하시는 일을 올바르게 행하기 위해 인도하심을 구해야 한다. 그래서 그는 무언가를 하기 전에 도우심과 인도하심을 구하는 기도를 드리고, 그 일을 마치고 난 뒤에는 감사를 드려야 한다고 말했다.

그는 계속해서 말했다. 우리는 하나님과의 대화에서 그분의 끝없는 선하심과 완전하심을 찬양하고, 경배하고, 사랑해야 한다고 말이다. 우리의 죄로 인해 낙담하지 말고, 완전한 신뢰를 가지고 하나님께 은혜를 구해야 한다고도 했다. 하나님의 자비는 무한하시기 때문이다. 로렌스 형제는 하나님께서는 모든 일 가운데 은혜를 베푸시는 데 결코 실패하지 않으신다고 말했다. 또한 자신의 생각이 하나님의 임재를 느끼는 감각에 둔해졌을 때 그분의 도우심을 구해야 한다는 것을 잊지 않는다면, 결코 실패하지 않을 것이라고 했다. 그는 우리가 하나님을 기쁘시게 하는 것 외에 다른 생각을 마음에 두지 않는다면, 의심을 품은 우리의 마음에 하나님께서 빛을 비추실 거라고 말했다.

우리의 성화는 단순히 행위를 바꾼다고 해서 이루어지지 않는다. 오히려 그것은 우리가 어떤 일을 할 때 자신을 위해서 하는지, 하나님을 위해서 하는지에 달려 있다. 그는 얼마나 많은 사람들이 수단을 목적으로 착각하는지, 인간적이거나 이기적인 생각으로 인해 무언가에 중독되어 불완전한 삶을 살아가는지에 대해 안타깝게 생각했다. 그는 하나님께 나아가는 가장 좋은 방법은 사람들을 기쁘게 하려는 의도나 생각을 버리고, 순전히 하나님을 사랑하기 위해 우리의 일상을 살아가는 것이라고 여겼다.

로렌스 형제는 기도하는 시간이 다른 시간과 달라야 한다는 생각은 착각이라고 했다. 기도하는 시간처럼, 다른 일을 할 때도 하나님께 기도하는 마음으로 해야 한다는 것이다. 그에게 기도는 하나님의 임재를 느끼는 것 외에는 아무것도 아니었다. 기도할 때 그의 영혼은 거룩한 하나님의 사랑 외에는 모든 것에 무관심했다. 정해진 기도의 시간이 끝나더라도 다를 바가 없었다. 그는 여전히 하나님과 동행했고, 온 힘을 다해 그분을 찬양하고 높였다. 그렇게 끊임없는 기쁨 속에서 살았다. 하지만 그는 자신이 더 굳건하게 성장해야 할 필요가 있을 때는 하나님께서 어느 정도의 어려움을 주시기를 바랐다.

로렌스 형제는 우리가 하나님을 향한 전적인 신뢰와 그분이 우리를 속이지 않으신다는 확신을 가지고 우리를 온전히 드려야 한다고 말했다. 우리는 하나님을 위해서라면 작은 일도 소홀히 여겨서는 안 된다. 하나님께서는 우리가 얼마나 위대한 일을 하는지보다 그 일을 행하는 우리 마음속 사랑을 더 중요하게 여기시기 때문이다. 처음에는 종종 실패하더라도 의심을 버리고 꾸준히 해 나간다면, 결국은 우리가 의식하지 않아도 자연스럽게 행동으로 이어지는 습관이 형성될 것이고, 그것이 우리를 기쁘게 할 것이다.

　기독교 신앙의 본질은 믿음, 소망, 사랑이다. 이 세 가지를 실천할 때 우리는 하나님의 뜻과 하나가 된다. 다른 것은 무의미하다. 그저 우리가 목표에 도달하고 나면 믿음과 사랑으로 덮이는 수단일 뿐이다. 믿는 이에게는 모든 것이 가능하고, 소망하는 이에게는 덜 어려우며, 사랑하는 이에게는 더 쉽다. 이 세 가지 성품을 인내하며 실천하는 이에게는 더욱 쉬울 것이다. 우리가 스스로에게 부여해야 할 목표는, 삶에서 우리가 할 수 있는 최선으로 하나님을 경배하는 것이며, 영원토록 그렇게 되기를 바라는 것이다.

　때때로 우리는 스스로를 솔직하게 돌아보고 철저하게 살펴야 한다. 그러면 스스로가 가장 큰 경멸을 받아야 할 대상이라는 것을 깨닫게 된다. 로렌스 형제는 우리가 이런 방식으로 스스로와 대면할 때, 왜 우리가 온갖 종류의 불행과 문제에 시달리는지 이해할 수 있을 것이라고, 왜 건강, 마음 상태, 성품의 변화와 동요를 겪는지 알게 될 것이라고 말했다. 그리고 하나님께서 우리가 겸손해지도록 허락하신 모든 고통과 수고를 받아 마땅하다는 것을 진정으로 깨닫게 될 것이라고 했다.

그 후에는 다른 사람들로부터 비롯된 고난, 유혹, 반대, 갈등을 이상하게 여겨서는 안 된다. 오히려 우리는 그것들을 하나님께서 원하시는 유익한 일로 받아들이고 감내해야 한다. 그는 완전함을 갈망할수록, 하나님의 은혜에 더 의존하게 된다고 말했다.

로렌스 형제는 자신이 속했던 공동체의 한 사람으로부터 질문을 받은 적이 있다. 어떻게 하나님의 임재를 느끼는 습관을 갖게 되었는지 말이다. 그는 이 질문에 대해 이렇게 답했다. "저는 처음 수도원에 들어왔을 때부터 하나님을 모든 생각과 열망의 목적으로, 그것들이 추구해야 할 푯대로, 그것들의 마침표로 생각해 왔습니다."

그는 수도원에 들어온 지 얼마 되지 않았을 때는 개인적인 기도 시간에 하나님을 생각하면서 자신의 마음을 확고히 하고, 하나님을 마음 깊이 새기기 위해 보냈다고 회고했다. 그는 학문적인 추론이나 깊은 명상보다는 신실한 마음과 신앙의 빛에 순종했다. 이 간단하고 확실한 방법으로 그는 하나님에 대한 지식과 사랑을 훈련했다. 그리고 하나님의 임재를 지속적으로 느끼며 살기 위해, 그분을 잊지 않도록 최선을 다했다.

기도를 통해 무한하신 하나님으로 마음을 가득 채운 뒤, 그는 일을 하기 위해 주방으로 갔다. 그는 공동체를 위해 요리하는 일을 맡고 있었다. 그는 먼저 자신이 해야 할 일들을 하나하나 생각한 후, 언제 어떻게 그 일을 해야 할지 정리했다. 그리고 일을 하기 전과 후의 시간은 모두 기도하며 보냈다.

그는 일을 시작할 때, 간절한 마음과 신뢰를 가지고 하나님께 읊조렸다. "나의 하나님이시여, 주께서 저와 함께하시니 이제 주님의 명령을 따라 이 일에 마음을 집중하려고 합니다. 계속해서 하나님의 임재 안에 머물 수 있도록 은혜 주시기를 간구합니다. 주님, 저를 도우시고 인도하소서. 제가 하는 모든 일을 받으시고, 저의 모든 사랑을 받아 주소서." 그는 일을 하면서 창조주 하나님과 친밀한 대화를 나누었고, 그분께 은혜를 구하며 자신의 모든 행동을 하나님께 바쳤다.

일을 마치고 나면, 그는 맡은 일을 얼마나 잘 감당했는지 스스로 점검했다. 만약 잘했다면 하나님께 감사를 드렸고, 그렇지 못했다면 용서를 구하며 낙심하는 대신 자신의 마음을 다잡았다. 그런 후에 그는 계속해서 하나님의 임재를 연습했다. 마치 한 번도 하나님의 임재에서 멀어진 적이 없는 것처럼 말이다. 그는 "이렇게 넘어졌다가 다시 일어나기를 반복하며 믿음과 사랑의 실천을 항상 새롭게 함으로써 하나님을 생각하지 않는 것이 더 어렵게 느껴질 정도에 이르렀다."고 말했다. 처음에는 하나님을 의식적으로 생각하는 것이 어려웠지만, 이제는 하나님을 잊어버리는 것이 더 어렵게 느껴졌다.

하나님의 임재 가운데 거하는 삶의 유익을 발견한 그가 다른 사람들에게 그것을 권하는 것은 당연했다. 놀라운 것은, 그가 하는 어떤 말보다도 실천하는 그의 삶이 사람들에게 더 강한 설득력을 가졌다는 점이다. 그의 얼굴은 온화함과 고요한 헌신으로 물들어 있었다.

주방에서 분주하게 일하면서도 그는 여전히 하늘을 향한 마음과 집중력을 잃지 않았다. 그는 결코 서두르거나 불성실하지 않았으며, 모든 일을 때에 따라 흔들림 없이 평온하게, 그리고 차분하게 이루어 갔다. 그는 말했다. "저에게는 일하는 시간과 기도하는 시간이 다르지 않습니다. 달그락거리는 주방의 소음과 어수선함 속에서도, 여러 사람이 동시에 다른 것들을 요구할 때도, 저는 마치 주님의 만찬 앞에 무릎 꿇고 있는 것처럼 평안함 가운데 하나님과 함께합니다."

**THE PRACTICE OF
THE PRESENCE OF GOD**

LETTER
편지

로렌스 형제의 편지들은 그의 생애 마지막 10년 동안 쓰여 졌다. 대부분은 오랜 친구였던 가르멜 수녀와 인근 수녀원의 수녀들에게 보내졌다. 편지들은 그 당시 전통에 따라 특정한 이름 대신 M—으로 쓰여졌다.

FIRST LETTER

첫 번째 편지

저는 저의 전부를 바쳐

가장 중요한 것을 얻기로 결심했습니다.

하나님의 사랑을 위해서

그분이 아닌 다른 모든 것들을

포기하기로 말입니다.

그리고 이 세상에 그분과 저 외에는

아무것도 없는 것처럼 살기 시작했습니다.

당신은 제가 어떻게 지속적으로 하나님의 임재를 느끼는 습관을 가질 수 있었는지 물어보셨습니다. 자비로우신 주님께서 저에게 기꺼이 알려 주신 방법에 대해 말씀드리겠습니다. 다만 저의 편지를 아무에게도 보여 주지 말아 주십시오. 만약 당신이 이 편지를 다른 사람들에게 보여 줄 거라고 생각했다면, 당신이 아무리 영적인 성장을 바랐다 하더라도 저는 이 편지를 쓰지 못했을 것입니다.

제가 설명할 수 있는 내용은 이러합니다. 저는 많은 책에서 하나님께 나아가는 다양한 방법과 영적인 실천들을 발견했습니다. 그러나 저는 이것들이 오히려 더 혼란스럽게 할 것 같았습니다. 저의 관심은 오로지 어떻게 하면 온전히 하나님의 것이 될 수 있는지였기 때문입니다. 그래서 저는 저의 전부를 바쳐 가장 중요한 것을 얻기로 결심했습니다. 하나님의 사랑을 위해서 그분이 아닌 다른 모든 것들을 포기하기로 말입니다. 그리고 이 세상에 그분과 저 외에는 아무것도 없는 것처럼 살기 시작했습니다.

때로는 하나님의 심판대 앞에 선 가련한 죄인이라는 생각이 들기도 했습니다. 그러나 대부분은 그분을 나의 아버지, 나의 하나님으로 바라보았습니다. 저는 최대한 자주 하나님을 예배하고자, 그분의 거룩한 임재 안에 마음을 두고자 노력했습니다. 또한 하나님에게서 마음이 멀어질 때마다 다시 그분을 생각하려고 했습니다. 정해진 기도 시간뿐만 아니라 매시간, 매분, 심지어 가장 바쁘게 일하는 그 순간에도 하나님에 대한 생각을 방해하는 모든 것들을 마음속에서 몰아냈습니다.

이 연습은 저에게 적지 않은 고통을 주었습니다. 그럼에도 불구하고 저는 포기하지 않았습니다. 마음이 흔들리고 방황할 때마다 괴로워하거나 불안해하지 않으려고 노력했습니다. 이것은 신앙생활을 시작한 후로 제가 해 왔던 일상적인 훈련이었습니다. 비록 완벽하지는 않았지만, 이것은 저에게 큰 유익이 되었습니다. 저는 이 모든 것이 하나님의 자비하심과 선하심 덕분이었다고 확신합니다. 왜냐하면 하나님 없이는 아무것도 할 수 없기 때문입니다. 특히나 저는 더욱더 그렇습니다.

우리가 하나님의 거룩한 임재 안에 머물며 늘 그분을 마주하고자 노력할 때, 이 훈련은 우리가 그분을 노엽게 하거나 실망시킬 수 있는 일을 하지 않게 도와줍니다. 또한 우리 안에 거룩한 자유를 줍니다. 이렇게 표현하는 게 어떨지 모르겠지만, 하나님과 더 친밀해지는 것 같습니다. 우리가 무언가를 구할 때 하나님께서는 우리에게 필요한 은혜를 주십니다. 이것을 오랫동안 반복하다 보면 습관이 되어 하나님의 임재가 자연스럽게 느껴지게 됩니다.

하나님의 선하심과 저 같은 죄인에게 베푸신 크신 은혜에 대해 어떻게 하면 충분히 감사를 표현할 수 있을까요? 아마도 그것은 불가능할 것 같습니다. 그러나 우리가 할 수 있는 한 하나님께 감사를 드립시다. 모든 만물이 하나님을 찬양하기를, 아멘.

SECOND LETTER

두 번째 편지

그 후로 저는 하나님 앞에서

단순하게, 믿음으로,

그리고 겸손과 사랑으로 나아갔습니다.

하나님께서 실망하실 만한

어떤 생각도, 어떤 행동도 하지 않으려고

부단히 노력했습니다.

책에서는 저의 삶의 방식을 찾지 못했지만, 그것은 저에게 문제가 되지 않았습니다. 그럼에도 불구하고 조언해 주셔서 감사합니다.

며칠 전, 어떤 신실한 분과 대화를 나누었습니다. 그분은 영적인 삶은 은혜이며, 섬김에 대한 두려움으로 시작하지만 영원한 생명에 대한 소망으로 더욱 커져 순전한 사랑으로 완성된다고 말씀하셨습니다. 그리고 각 단계마다 다른 길을 거쳐 마침내 복의 완성에 이르게 된다고 하셨습니다.

저는 이 방법을 따르지 않았습니다. 오히려 이 방법이 저를 좌절시킬 거라고 직감했습니다. 대신 신앙생활을 시작하면서 제가 할 수 있는 최선으로 하나님께 저 자신을 드리며, 하나님을 사랑하기 위해 다른 모든 것들을 포기하기로 결심했습니다.

처음 몇 년 동안 저는 하나님께 드리기 위해 따로 구별해 둔 시간을 죽음, 심판, 지옥, 천국, 그리고 죄에 대한 생각으로 채웠습니다. 이 몇 년 동안 일상생활에서도, 심지어 일을 하면서도 하나님의 임재에 마음을 쏟으며, 하나님께서 늘 함께하신다고 생각했습니다.

그러다가 저는 정해진 기도 시간에도 같은 방법으로 생각하게 되었습니다. 이것은 저에게 커다란 기쁨과 위로를 주었습니다. 이 연습을 통해 저는 하나님을 더 높일 수 있었고, 다른 어떤 것이 아닌 믿음만으로 충분한 확신을 가질 수 있었습니다.

이것이 시작이었습니다. 하지만 처음 10년 동안 많은 어려움이 있었습니다. 이 시간 동안 저는 자주 넘어졌고, 다시 일어나기를 반복했습니다. 모든 피조물, 이성, 심지어 하나님까지도 저에게 등을 돌리는 것처럼 보였고, 믿음 외에는 아무것도 남지 않은 것처럼 외롭게 느껴졌습니다.

제가 바라던 대로 하나님께 헌신하지 못하는 것 같아서 불안했고, 과거의 죄가 늘 마음을 짓눌렀습니다. 무엇보다 하나님께서 저에게 주신 크신 은혜가 오히려 고통으로 다가왔고, 제가 자격이 없는 사람이라고 생각하는 원인이 되기도 했습니다. 때로는 은혜를 받았다고 믿는 것이 저의 착각일 수도 있다는 생각에 괴로워하기도 했습니다. 다른 사람들은 오랜 시간에 걸쳐 힘들게 도달하는데, 제가 빨리 도착한 것처럼 느끼는 것 같았기 때문입니다. 어떤 때는 이것이 저의 망상인 것 같아 희망이 없는 것처럼 느껴지기도 했습니다.

마침내 저는 남은 생애를 이러한 고민 속에서 보내게 된다면 어떨까 생각하는 데까지 이르렀습니다. 하지만 이런 상황 속에서도 하나님에 대한 저의 믿음은 결코 약해지지 않고, 오히려 더 굳건해지는 계기가 되었습니다. 갑자기 제 자신이 한순간에 완전히 변한 것처럼 느껴졌습니다. 그때까지 괴로워했던 저의 영혼은 마치 본향이자 안식처에 있는 것 같은 내면의 깊은 평화를 느꼈습니다.

그 후로 저는 하나님 앞에서 단순하게, 믿음으로, 그리고 겸손과 사랑으로 나아갔습니다. 하나님께서 실망하실 만한 어떤 생각도, 어떤 행동도 하지 않으려고 부단히 노력했습니다. 그리고 제가 할 수 있는 일을 다 했다면, 하나님께서 기뻐하시는 일을 저에게 행하시길 그저 소망했습니다.

현재 제 안에 스쳐 지나가는 것들에 대해 어떻게 표현해야 할지 모르겠습니다. 하나님의 뜻 외에는 다른 어떤 뜻도 없기 때문에 저의 형편이나 상태에 대해 고통이나 어려움을 느끼지 않습니다. 저는 모든 일에 있어서 그분의 뜻을 이루기 위해 노력합니다. 그리고 그분의 명령에 반하거나, 또는 하나님을 사랑하는 마음이 아닌 다른 어떤 동기로도 땅에 떨어진 지푸라기 하나 줍지 않을 것입니다.

저는 수도사로서 해야만 하는 일을 제외하고는 모든 형식적인 예배와 정해진 기도를 중단했습니다. 그리고 하나님의 거룩한 임재 안에서 꾸준히 인내하는 것을 우선순위로 삼았습니다. 이를 통해 하나님에 대한 단순명료한 집중과 친밀한 사랑을 유지하고 있는데, 바로 이것이 실제 하나님의 임재라고 말할 수 있습니다. 달리 말하면, 이것은 영혼과 하나님 사이의 일상적이고, 고요하고, 친밀한 대화입니다. 이로 인해 저는 커다란 기쁨과 만족을 누립니다. 이 긴 여정 동안 있었던 모든 일을 다 언급할 수는 없겠지만, 저는 의심의 여지 없이 지난 30년 동안 제 영혼이 하나님과 함께했다고 확신합니다.

하지만 왕 되신 하나님 앞에서 제가 스스로를 어떻게 바라보는지 말씀드리려고 합니다. 저는 제가 가장 비참한 사람이라고, 결함과 허점과 약점이 많으며, 하나님 앞에서 온갖 종류의 죄악을 저지른 사람이라고 생각합니다. 후회하는 마음으로 하나님께 저의 모든 죄악을 고백하며 용서를 구합니다. 하나님께서 기뻐하시는 일을 할 수 있도록 그분의 손에 저를 맡깁니다.

자비와 선함으로 충만한 왕이신 하나님께서는 저를 징계하지 않으시고, 사랑으로 품어 주십니다. 또한 저를 그분의 식탁에서 먹게 하시고, 친히 손으로 저를 먹이시며, 보물의 열쇠를 주십니다. 수천 가지의 방법으로 끊임없이 저와 대화하고 기뻐하십니다. 그리고 저를 사랑하는 자녀로 대해 주십니다. 이것은 제가 하나님의 거룩한 임재 안에 머물고 있음을 깨닫게 해 줍니다.

제가 하나님의 임재를 느끼는 방법은 단순히 하나님에 대해 친근한 관심을 갖는 것인데, 이것은 어머니의 품에 안긴 아기가 느끼는 것보다 더 큰 온기와 기쁨입니다. 저는 이 상태를 '하나님의 품'이라고 부르고 싶습니다. 왜냐하면 이때 표현할 수 없는 기쁨을 경험하기 때문입니다.

절박함이나 연약함으로 인해 길을 잃었을 때도, 저는 곧 설명할 수 없는 달콤한 내면의 감정에 의해 다시 이끌립니다. 아시다시피 저는 연약한 사람이지만, 하나님께서는 저처럼 자격 없고 감사할 줄 몰랐던 사람에게도 큰 은혜를 베풀어 주십니다.

정해진 기도 시간은 이 같은 연습의 연속일 뿐입니다. 때때로 저는 제가 조각가 앞에 놓여 있는 돌처럼 느껴집니다. 그리고 돌을 깎아 만드는 조각가는 하나님이십니다. 이렇게 하나님 앞에 저를 내어 놓으며 하나님께서 저의 영혼 안에 완전한 형상을 빚어 주심으로 그분을 닮아 가기를 소망합니다. 어떤 때는 기도에 몰입되어 일부러 신경 쓰거나 노력하지 않아도 저의 영혼이 하나님 앞으로 들어 올려짐을 느낍니다. 이것은 마치 시간이 멈춘 듯, 하나님 안에 단단히 뿌리 내린 안식처같이 지속됩니다.

어떤 사람들은 이 상태를 게으름, 망상, 자기애라고 비난하기도 합니다. 그러나 저는 이것이 '거룩한 멈춤'이라고 고백하며, 행복한 자기애가 되리라 생각합니다. 이러한 평온함 속에 있는 영혼은 이전에 익숙했던 것들에 의해 방해받지 않습니다. 왜냐하면 이전에 의존했던 것들은 이제 도움이 아니라 오히려 방해가 되기 때문입니다.

그러나 어떻게 이것을 상상이나 망상이라고 부를 수 있는지 모르겠습니다. 이렇게 하나님을 누리는 영혼은 그분 외에는 아무것도 원하지 않는데 말입니다. 만약 이것이 망상이라면, 이것을 해결하실 수 있는 분은 오직 하나님밖에 없습니다. 하나님께서 우리를 통해 기쁘게 일하시도록 자신을 내어 드려야 합니다. 저는 오직 하나님만을 원하고, 하나님께 온전히 헌신하기를 원합니다.

당신의 생각은 어떠신가요? 저는 당신의 경건을 소중하게 생각하고 또 존경합니다.

THE PRACTICE OF
THE PRESENCE OF GOD

THIRD LETTER

세 번째 편지

눈을 들고 마음을 열어

하나님을 기억하는 것만으로도

충분합니다.

　……

그러니 가능한 한 자주

하나님을 생각하십시오.

우리에게는 한없이 자비로우신 하나님이 계십니다. 하나님께서는 우리의 모든 소원을 아십니다. 저는 하나님께서 당신을 고통 가운데서 건져 주실 거라고 생각합니다. 그때가 언제인지 알 수 없지만, 하나님께서는 우리가 예상하지 못하는 그때, 그분만의 시간에 오실 것입니다. 그러니 더욱더 하나님께 소망을 두고, 하나님께서 베푸신 은혜, 특히 고난 중에 주시는 인내와 용기에 대해 감사드립시다. 이는 하나님께서 당신을 돌보고 계신다는 뚜렷한 증거이기에, 하나님께서 주시는 위로를 맛보며 모든 것에 감사하십시오.

저는 또한 M—의 인내와 용기에 찬사를 보내고 싶습니다. 하나님께서 그에게 선한 성품과 의지를 주셨지만, 그에게는 여전히 부족하고 미숙한 부분도 있습니다. 하나님께서 주신 고난이 그에게 내면을 돌아보고 성찰할 기회가 되기를, 그리고 이것이 그에게 회복이 되기를 바랍니다. 특히 큰 위험에 처했을 때, 할 수 있는 한 더욱 하나님을 생각함으로써 어디든 함께하시는 하나님을 온전히 신뢰하는 계기가 되기를 바랍니다.

눈을 들고 마음을 열어 하나님을 기억하는 것만으로도 충분합니다. 손에 칼을 들고 행군하는 동안 드리는 짧은 내면의 예배일지라도, 하나님께서는 그 기도를 받으십니다. 그리고 위험에 처한 군인이 용기를 잃지 않도록 그의 마음을 지켜 주십니다. 그러니 가능한 한 자주 하나님을 생각하십시오. 이 사소하지만 거룩한 훈련에 익숙해지도록 노력하십시오. 아무도 볼 수 없게, 하루 종일 이러한 짧은 내적 예배를 지속하고 반복하는 것은 생각보다 어렵지 않습니다.

이러한 방식으로 할 수 있는 한 많이 그가 하나님을 생각하도록 조언해 주십시오. 이것은 날마다 생명에 위협을 받는 군인들에게 가장 필요한 일입니다.

하나님께서 그와 그의 가족 모두를 도와주시길, 또한 하나님께서 여러분과 함께하시길 소망합니다.

THE PRACTICE OF
THE PRESENCE OF GOD

FOURTH LETTER

네 번째 편지

때로 그가

거룩한 임재에서 멀어질 때면,

하나님께서는

그의 영혼을 감동시키셔서

다시 하나님을

서서히 떠올리게 하셨습니다.

저는 당신에게 우리 공동체 중 한 사람의 경험에 대해 이야기하고자 합니다. 그는 하나님의 임재로부터 놀라운 경험을 했고, 지속적인 도우심을 받았습니다. 이 이야기가 우리 모두에게 유익이 되기를 바랍니다.

지난 40년 동안 그는 어떻게 하나님과 함께할 수 있을지에 대해 늘 관심을 가졌습니다. 하나님을 실망시킬 만한 일이라면 그 무엇도 하지 않았고, 그 어떤 말도 하지 않았으며, 그 어떤 생각도 하지 않았습니다. 그는 하나님을 향한 순수한 사랑 외에는 다른 목적이나 동기를 품지 않았습니다. 하나님께서는 모든 것을 받기에 합당하신 분이기 때문입니다.

이제 그는 하나님의 거룩한 임재에 익숙해졌고, 임재로부터 지속적인 위로와 평안을 얻게 되었습니다. 이후 약 30년 동안 그의 영혼은 기쁨과 환희로 가득 찼습니다. 때로는 그 기쁨이 너무 커서, 이를 이해하지 못하는 다른 사람들에게 들키지 않으려고 숨길 방법을 찾아야 했습니다.

때로 그가 거룩한 임재에서 멀어질 때면, 하나님께서는 그의 영혼을 감동시키셔서 다시 하나님을 서서히 떠올리게 하셨습니다. 이것은 종종 그가 외부의 일이나 작업에 몰두할 때 일어났는데, 그때마다 그는 내면의 이끌림에 정직하게, 그리고 충실하게 응답했습니다. 마음을 하나님께로 향하거나, 온유하고 애정 어린 마음으로 그분을 떠올리거나, 또는 사랑의 언어로 고백했습니다. 예를 들어, "나의 하나님, 저의 모든 것을 드립니다." 혹은 "주님, 당신의 뜻대로 저를 빚어 주십시오."라고 말입니다.

그러면 하나님께서 이 짧은 몇 마디의 말에도 만족하시고 안식하시며, 그의 영혼의 가장 깊은 곳 한가운데 거하시는 것 같았습니다. 실제로 그는 그렇게 느꼈습니다. 이러한 경험들은 그에게 하나님께서 언제나 그의 영혼 가장 깊은 곳에 계신다는 확신을 주었습니다. 이 확신은 그가 어떤 상황에서도 흔들리지 않게 해 주었습니다.

그가 어떤 즐거움과 만족을 느꼈을지 짐작해 보십

시오. 그는 자신의 내면에서 이토록 큰 보물을 계속해서 발견했기 때문에, 더 이상 보화를 찾아 헤맬 필요도, 더 이상 불안해할 필요도 없었습니다. 이제 그의 앞에는 아름다운 보물이 펼쳐져 있고, 원하는 만큼 누릴 수 있었기 때문입니다.

그는 종종 우리가 앞을 내다보지 못하는 것이, 너무 작은 것에 만족해 버리고 마는 것이 안타깝다고 탄식하듯 말했습니다. 또한 하나님께서는 무한한 보물을 주실 수 있지만, 우리는 짧은 찰나의 일상적인 헌신을 통해 작은 것만 가져간다고 말했습니다. 우리는 앞을 내다보지 못해서 하나님을 방해하고, 그분이 주시는 은혜의 흐름을 방해하기도 합니다. 그러나 하나님께서는 살아 있는 믿음으로 가득한 영혼을 발견하시면, 그에게 풍성한 은혜를 부어 주십니다. 그 은혜는 마치 거센 물결처럼 흘러서 막혀 있던 통로를 뚫고 힘차게 퍼져 나갈 것입니다.

그러나 때로는 우리가 정해 놓은 작은 가치 때문에 이 거센 물결이 멈추기도 합니다. 더 이상 막지 말아야 합니다. 우리 자신의 내면으로 들어가서 은혜의 물결을 가로막는 둑을 허물어 버려야 합니다. 은혜를 위해 길을 내야 합니다. 잃어버린 시간을 되찾아야 합니다. 우리에게 시간이 얼마나 남았는지 알 수 없습니다. 죽음이 우리 가까이에서 따라오고 있으니 준비해야 합니다. 인간은 누구나 죽기에, 단 한 번의 실수일지라도 그것을 돌이킬 기회가 없을 수도 있습니다.

다시 말하지만, 우리 자신의 내면으로 들어가야 합니다. 시간이 많지 않습니다. 지체할 여유가 없습니다. 우리의 영혼이 경각에 달려 있습니다. 당신은 준비를 마쳤고, 이미 필요한 일을 했으리라 생각되기에 놀랄 일은 없을 것입니다. 저는 당신에게 이 한 가지, 곧 영적인 삶을 지속하지 않는 것은 곧 이전으로 되돌아가는 행위이기에 항상 노력해야 한다고 권하고 싶습니다. 그러나 마음에 성령을 모신 사람들은 잠을 자고 있는 순간에도 앞으로 나아갑니다. 우리 영혼의 배가 여전히 바람과 폭풍우로 인해 흔들리고 있다면, 그 안에 거하시는 주님을 깨워야 합니다. 그분은 곧바로 바다를 잠잠하게 하실 것입니다.

당신이 자신의 상황과 비교해 볼 수 있도록, 저의 선한 마음을 나누었습니다. 혹시 조금이라도 마음이 식어 버렸다면, 다시 불을 지피는 데 도움이 되기를 바랍니다. 우리가 받았던 처음의 은혜를 되새기고, 첫 기쁨과 위로를 기억합시다. 그리고 세상은 잘 알지 못하지만, 하나님께서 아시고 아끼시는 이 형제의 모범과 마음을 통해 유익을 얻읍시다.

당신을 위해 기도하겠습니다. 주님 안에서 우리는 한 형제이니, 저를 위해서도 기도해 주십시오.

FIFTH LETTER

다섯 번째 편지

하나님의 임재를 위한 연습에서

우리가 추구해야 할 것은

즐거움이 아니라

오직 사랑이라는 원칙입니다.

그것이 우리를 향한

하나님의 뜻이기 때문입니다.

오늘 저는 하나님 앞에 자신을 드리기 위해 서원을 준비하고 있는 M— 수녀님으로부터 책 두 권과 편지 한 통을 받았습니다. 그녀는 당신의 거룩한 공동체의 기도, 특히 당신의 기도를 바라고 있습니다. 제 생각에 그녀는 당신의 기도를 무척이나 소중하게 생각하는 것 같습니다. 그러니 그녀가 실망하지 않도록 하나님께 기도해 주십시오. 그녀가 하나님의 사랑만 바라보며 그분께 전적으로 헌신하겠다는 굳은 다짐으로 서원할 수 있도록 말입니다.

하나님의 임재에 관한 책을 한 권 보내 드리겠습니다. 제 생각에 이 책은 영적인 삶 전체를 담고 있어서 누구든지 책의 내용대로 실천한다면, 신실한 사람이 될 수 있을 거라고 생각합니다.

이를 올바르게 행하기 위해서는 마음에서 다른 모든 것들을 비워 내야 한다는 것을 알고 있습니다. 왜냐하면 우리 마음이 하나님으로만 채워져야 하기 때문입니다. 마음에서 다른 모든 것들을 비우지 않는다면, 하나님께서 우리 마음을 소유하실 수 없습니다.

즉, 하나님께 마음을 내어 놓지 않으면, 하나님께서 행하실 수도 없고, 그분이 기뻐하시는 일을 할 수도 없습니다.

하나님과 끊임없이 대화하는 삶보다 더 달콤하고 행복한 인생은 없습니다. 실제로 실천하고 경험해 본 사람만이 이해할 수 있습니다. 그러나 나는 당신에게 이런 이유로 그렇게 하라고 권하고 싶지는 않습니다. 하나님의 임재를 위한 연습에서 우리가 추구해야 할 것은 즐거움이 아니라 오직 사랑이라는 원칙입니다. 그것이 우리를 향한 하나님의 뜻이기 때문입니다.

제가 설교자라면, 다른 무엇보다도 하나님의 임재를 실천하라는 메시지를 전할 것입니다. 제가 지도자라면, 온 세상에 그렇게 하라고 권할 것입니다. 그만큼 필요하고, 또 제 생각에는 어렵지 않기 때문입니다. 아! 만약 우리가 하나님의 은혜와 도우심이 필요하다는 것을 미리 알았더라면, 우리는 단 한순간도 그분을 놓치지 않았을 것입니다.

저를 믿으십시오. 지금 바로 하나님을 다시는 잊지 않겠다고 거룩하고 확고하게 결단하십시오. 하나님께서 원하신다면, 그동안 받았던 모든 위로를 빼앗기더라도 하나님의 거룩한 임재 속에서 남은 생을 보내겠다고 결단하십시오. 이것에 대해 진심으로 마음을 정하고 성실하게 훈련한다면, 곧 그 결과를 발견하게 될 것입니다.

부족하지만 저는 기도로 당신을 돕겠습니다. 저를 위해서도 기도해 주시길, 당신과 당신이 속한 거룩한 공동체에 부탁드립니다.

SIXTH LETTER

여섯 번째 편지

무엇보다 중요한 것은

하나님을 전적으로 신뢰하는 것입니다.

우리는 다른 모든 염려를

내려놓아야 합니다.

……

우리는 그저 하나님과

사랑으로 교제하면 됩니다.

당신이 M—을 통해 저에게 보내 주신 것들을 받았습니다. 하지만 제가 당신에게 보냈던 작은 책에 대한 당신의 생각은 아직 듣지 못했습니다. 그 책을 어떻게 보셨는지 궁금합니다. 당신의 남은 날들 동안 그것을 실천하는 것에 대해 고려해 보십시오. 늦더라도 실천하는 것이 아예 하지 않는 것보다 훨씬 더 유익할 것입니다.

신앙인이 하나님의 임재를 실천하지 않고 어떻게 만족하며 살 수 있는지, 감히 상상할 수 없습니다. 저는 영혼의 깊은 곳, 그리고 중심에서 하나님과 함께 머물고자 노력합니다. 하나님과 함께 있는 동안에는 아무것도 두렵지 않습니다. 하지만 하나님으로부터 조금이라도 벗어나는 것은 견딜 수 없습니다. 이 연습은 몸을 지치게 하지 않습니다. 그러나 때때로, 아니 자주 무의미하고 사소한 즐거움을 멀리하는 것이 좋습니다. 하나님께서는 전적으로 헌신하고자 하는 영혼이 그분과 함께하지 않고 다른 즐거움을 취하는 것을 허락하지 않으실 것입니다. 그것은 타당합니다.

스스로에게 어떤 강압적인 제약을 가해야 한다는 것이 아니라 거룩한 자유 속에서 하나님을 섬겨야 한다는 것입니다. 우리는 걱정이나 불안함 없이 신실하게 살아가야 합니다. 또한 방황하는 자신을 발견할 때마다 온유하고 고요하게 하나님을 떠올려야 합니다. 그러나 무엇보다 중요한 것은 하나님을 전적으로 신뢰하는 것입니다. 우리는 다른 모든 염려를 내려놓아야 합니다. 여기에는 선한 헌신처럼 보이지만 습관적으로 행하는 것들도 포함됩니다. 그러한 헌신은 목적에 다다르기 위한 수단일 뿐입니다. 그러므로 하나님의 임재를 연습하는 습관을 들이면, 우리는 최종 목적인 하나님과 함께 거하게 되기 때문에 수단으로 돌아갈 필요가 없습니다. 우리는 그저 하나님과 사랑으로 교제하면 됩니다. 찬양, 경배, 혹은 갈망, 내려놓음, 감사의 실천으로, 그리고 우리 영혼이 원하는 모든 방법으로 그분의 거룩한 임재 안에서 인내하면서 말입니다.

인간의 본성에서 발견되는 모순으로 인해 낙심하지 말고, 자신을 기꺼이 산 제물로 드려야 합니다. 처음에는 종종 시간 낭비라는 생각이 들 수도 있습니다. 그러나 많은 어려움이 있더라도 죽을 때까지 인내하기로 결단해야 합니다.

  당신이 속한 거룩한 공동체와 특히 당신께 저를 위해 기도해 주시길 부탁드립니다. 주님 안에서 당신의 형제로부터.

SEVENTH LETTER

일곱 번째 편지

크게 소리 내어 울며

하나님께 부르짖지 않아도 됩니다.

하나님께서는

우리가 생각하는 것보다

더 가까이에 계시기 때문입니다.

정말 안타깝지만, 당신이 이제 M—에게 일을 맡기고 남은 생을 오직 하나님만 섬기며 보낼 수 있다면 그 또한 당신에게 큰 위로가 될 것입니다. 하나님께서는 우리에게 대단한 일을 요구하지 않으십니다. 그저 우리가 삶의 순간마다 하나님을 떠올리고, 잠깐의 예배를 드리기 원하십니다. 때로는 우리가 하나님의 은혜를 구하기 위해 기도하고, 때로는 당신의 고통을 하나님께 아뢰길 원하십니다. 그리고 때로는 고난 가운데서 하나님께서 베풀어 주셨고, 여전히 베풀어 주시는 은혜에 대한 감사를 올려 드려야 합니다. 되도록 자주 하나님께 위안을 얻으십시오. 밥을 먹을 때나 사람들과 함께 있을 때도 마음에서 하나님을 떠올리십시오. 아주 잠깐일지라도 하나님께서는 그것을 기뻐하십니다.

크게 소리 내어 울며 하나님께 부르짖지 않아도 됩니다. 하나님께서는 우리가 생각하는 것보다 더 가까이에 계시기 때문입니다. 그리고 하나님과 함께하기 위해서 항상 교회에만 있어야 하는 것도 아닙니다. 이따금씩 일상에서 물러나 마음속의 기도실에서 온유와 겸손과 사랑으로 그분과 대화할 수 있습니다. 누구든 하나님과 친밀한 대화를 나눌 수 있지만, 어떤 사람은 더 많이, 어떤 사람은 더 적게 할 뿐입니다. 하나님께서는 우리가 무엇을 할 수 있는지 아십니다.

이제 시작해 봅시다. 하나님께서 우리에게 기대하시는 것은 오직 한 가지, 마음을 열고자 하는 결단입니다. 용기를 내십시오. 우리에게 허락된 시간이 얼마 남지 않았습니다. 당신은 거의 예순네 살이고, 저는 거의 여든 살입니다. 하나님과 함께 살고, 하나님과 함께 죽읍시다. 우리가 그분과 함께 있는 동안 만큼은 고통조차도 달고 즐겁게 느껴질 것입니다. 그러나 하나님께서 우리와 함께 계시지 않는다면, 어떤 즐거움일지라도 우리에게 잔인한 형벌이 되고 말 것입니다. 모두에게 은혜가 있기를 바랍니다.

하나님께 간절히 은혜를 구하며, 일하는 중이나 가능하면 매순간 하나님께 마음을 드리는 일에 점차 익숙해져야 합니다. 특정한 규칙이나 형태의 헌신에 얽매이지 말고, 오직 사랑과 겸손으로 믿음 안에서 행하십시오.

 부족하지만 제가 기도하고 있음을 M―에게 알려 주시기 바랍니다. 그들 모두의, 특히 당신의 형제로부터.

EIGHTH LETTER

여덟 번째 편지

때로는 마음이 산만해지고

하나님으로부터 멀어지더라도

좌절하지 마십시오.

 ……

이럴 때는 의지로

마음을 다시 평온 가운데로 되돌리기 위해

노력해야 합니다.

당신이 말씀하신 내용 중에서 특별히 새로운 것은 없는 것 같습니다. 산만해지는 생각으로 인해 괴로워하는 사람은 당신뿐만이 아닙니다. 우리의 마음은 몹시도 표류합니다. 그러나 우리의 모든 능력을 다스릴 수 있도록 의지로 표류하는 생각을 모아서 최종 목적지인 하나님께로 향해야 합니다.

처음부터 마음을 충분히 통제하고 훈련하지 않는다면, 방황하고 산만해지는 나쁜 습관이 굳어지게 됩니다. 이러한 습관은 고치기 어렵습니다. 우리의 의지가 어떠하든지 간에 마음이 우리를 세상적인 것들로 이끌 수 있기 때문입니다. 이것에 대한 한 가지 해결책은 겸손하게 우리의 잘못을 고백하고, 하나님께 자비와 도우심을 구하는 것입니다.

기도할 때 많은 말을 할 필요는 없습니다. 많은 단어와 긴 말은 오히려 우리를 집중하지 못하게 만듭니다. 부잣집 대문 앞에 있는 말 못하거나 몸이 불편한 거지처럼 하나님 앞에서 잠잠히, 그러나 간절하게 기도하십시오. 하나님의 임재 안에 마음을 두고자 노력하십시오. 때로는 마음이 산만해지고 하나님으로부터 멀어지더라도 좌절하지 마십시오. 걱정과 불안은 마음을 다시 모으기보다 오히려 더욱 혼란스럽게 만들 뿐입니다. 이럴 때는 의지로 마음을 다시 평온 가운데로 되돌리기 위해 노력해야 합니다. 이런 방식으로 꾸준히 인내한다면, 하나님께서 당신을 붙들어 주실 것입니다.

 기도할 때 마음을 진정시키고 평온하게 만드는 한 가지 방법이 있습니다. 그것은 기도 외의 다른 시간에도 마음이 표류하지 않게 하는 것입니다. 철저하게 하나님 앞에 마음을 두십시오. 그렇게 하나님을 자주 생각하는 데 익숙해지면, 기도할 때도 마음에 평온을 유지하거나, 최소한 방황 속에서 마음을 돌이키기 쉬워질 것입니다. 저는 이미 하나님의 임재 연습에서 우리가 얻을 수 있는 유익에 대해 말씀드렸습니다. 이제 진지하게 시작하면서, 서로를 위해 기도합시다.

THE PRACTICE OF
THE PRESENCE OF GOD

NINTH LETTER

아홉 번째 편지

이 세상에서

우리의 유일한 사명은

하나님을 기쁘시게 하는 것입니다.

그 외의 모든 것은

미련하고 허망할 뿐이라는 사실을

기억해야 합니다.

M—에게 받은 답장을 동봉했으니, 그녀에게 전해 주시기 바랍니다. 그녀는 선한 의지로 가득 차 있습니다. 그러나 그 선한 의지가 하나님의 은혜보다 앞서 나갈 수도 있습니다. 누구도 한 번에 거룩해지지 않기 때문에 저는 당신에게 그녀의 길잡이가 되어 달라고 부탁드리고 싶습니다. 우리는 서로 조언하면서 도와주고, 더 나아가 서로에게 좋은 모범이 되어야 합니다. 그녀가 얼마나 열심히 노력하는지, 얼마나 순종적으로 행하는지 종종 소식을 전해 주십시오.

　이 세상에서 우리의 유일한 사명은 하나님을 기쁘시게 하는 것입니다. 그 외의 모든 것은 미련하고 허망할 뿐이라는 사실을 기억해야 합니다. 당신과 저는 40년 이상 수도원에서 생활했습니다. 우리는 그 시간을 하나님의 자비하심에 따라, 그분의 목적을 위해 우리를 부르신 하나님을 사랑하고 섬기는 데 온전히 사용했을까요? 저는 때로는 부끄러움과 혼란스러움으로 가득 차곤 합니다. 한편으로는 하나님께서 저에게 베풀어 주셨고 지금도 여전히 베풀어 주시는 큰 은혜에 감사하면서도, 다른 한편으로는 그 은혜로 완전함에 이르지 못하고 미미한 성장밖에 이루지 못했다는 생각이 들기 때문입니다.

하나님의 자비하심으로 우리에게 아직 약간의 시간이 더 허락되었으니, 이제 다시 마음을 다해 시작해 봅시다. 잃어버린 시간을 회복합시다. 언제나 우리를 사랑으로 맞아 주시는 자비로우신 아버지께 완전한 확신을 가지고 돌아갑시다. 하나님을 사랑하기 위해, 그분이 아닌 모든 것을 아낌없이 포기합시다. 하나님께서는 무한히 더 많은 것을 받기에 합당하신 분입니다. 그분을 영원히 생각하며, 우리의 모든 신뢰를 그분께 둡시다.

저는 우리가 하나님께서 주시는 풍성한 은혜를 받게 될 것을 의심하지 않습니다. 그 은혜로 우리는 모든 것을 할 수 있습니다. 만약 하나님께서 은혜를 주시지 않는다면 우리는 죄짓는 것 말고는 아무것도 할 수 없습니다. 하나님의 실제적이고 지속적인 도우심 없이는 삶에서 만나는 수많은 고비들로부터 벗어날 길이 없기에, 하나님께 끊임없이 기도해야 합니다.

하나님과 함께하지 않는다면 우리가 어떻게 기도할 수 있겠습니까? 하나님을 자주 생각하지 않는다면 어떻게 그분과 함께할 수 있으며, 어떻게 거룩한 습관을 가질 수 있겠습니까? 당신은 제가 늘 같은 말만 반복한다고 생각할 수도 있습니다. 그러나 이것이 제가 아는 가장 좋은 방법이며, 또 가장 쉬운 방법입니다. 저에게 다른 비결은 없습니다. 저는 모든 사람들에게 똑같이 조언할 것입니다.

우리가 하나님을 사랑하려면 먼저 알아야 합니다. 하나님을 알기 위해서는 그분을 자주 생각해야 합니다. 그래서 하나님을 사랑할수록, 그분을 더 자주 생각하게 됩니다. 사람의 마음은 자신이 소중하게 여기는 것에 있기 때문입니다.

TENTH LETTER

열 번째 편지

낮에도, 밤에도,

일하는 중에도, 휴식 중에도,

뿐만 아니라 사소한 것을 할 때조차도

마음속에서 하나님을

자주 생각해야 합니다.

M—에게 편지를 쓰기까지 저에게 어려운 일들이 있었습니다. 하지만 제 편지를 바라는 당신의 마음을 알기에 이렇게 편지를 씁니다. 이 편지에 주소를 적어 그에게 보내 주십시오.

하나님 안에서 신실한 믿음을 가지고 계신 당신 덕분에 저는 기쁩니다. 하나님께서 당신의 믿음이 점점 더 자라게 해 주시길 기도합니다. 이 세상에서나 죽음 이후의 세상에서나 결코 우리를 실망시키지 않으실 선하고 신실하신 친구를 신뢰하는 데는 그 믿음이 아무리 크더라도 지나침이 없습니다.

만일 M—이 자신이 겪은 상실의 경험을 기회로 삼아 하나님을 온전히 신뢰한다면, 하나님께서는 곧 그에게 더 큰 능력으로 그를 도와줄 또 다른 친구를 주실 것입니다. 하나님께서는 그분이 기뻐하시는 대로 마음을 움직이시기 때문입니다. 아마도 M—은 잃어버린 친구에게 깊은 애정을 가지고 있었을 것입니다. 그러나 친구에 대한 애정이 하나님의 사랑을 침해해서는 안 됩니다. 언제나 하나님의 사랑이 최우선이 되어야 하기 때문입니다.

 저의 조언을 기억하시기 바랍니다. 낮에도, 밤에도, 일하는 중에도, 휴식 중에도, 뿐만 아니라 사소한 것을 할 때조차도 마음속에서 하나님을 자주 생각해야 합니다. 하나님께서는 항상 당신 가까이에 계시고, 당신과 함께하십니다. 하나님을 홀로 두지 마십시오. 병문안 온 친구를 혼자 둔다면, 그것은 무례한 일입니다. 그렇다면 하나님께서 외면받으시는 것은 괜찮을까요? 하나님을 잊지 말고 자주 생각하십시오. 하나님을 끊임없이 높여 드리십시오. 하나님과 함께 살고, 하나님과 함께 죽으십시오. 이것이야말로 그리스도인에게 영광이며, 우리에게 고백이 될 것입니다. 만약 우리가 이것을 잘 모른다면, 배워야 합니다.

 저는 기도로 당신을 돕겠습니다. 주님 안에서 당신의 형제로부터.

**THE PRACTICE OF
THE PRESENCE OF GOD**

ELEVENTH LETTER

열한 번째 편지

하나님만이

고통 가운데 있는 당신에게

유일한 도움이자 위로가 되십니다.

그러니 항상

하나님과 함께하십시오.

저는 당신이 고통에서 벗어나도록 기도하기보다는 하나님께서 기뻐하시는 한, 그 고통을 견딜 수 있는 힘과 인내를 주시기를 간절히 기도합니다. 당신을 십자가에 붙들어 주시는 하나님을 통해 위로를 얻으십시오. 하나님께서 원하시는 때에 당신을 놓아 주실 것입니다. 하나님과 함께 고난을 겪는 사람은 행복합니다. 이런 방식으로 고난받는 것에 익숙해지십시오. 그리고 하나님께서 필요하다고 여기시는 그때까지 견딜 수 있는 힘을 달라고 구하십시오.

세상 사람들은 이러한 진리를 이해하지 못합니다. 사실 놀랄 일은 아닙니다. 그들은 그리스도인과 다르게 그들만의 방식으로 고통을 겪기 때문입니다. 그들은 질병을 하나님의 은혜가 아니라 자연을 거스르는 고통이라고 여깁니다. 이러한 관점에서 질병을 바라보면 그 안에서 슬픔과 고통 외에는 아무것도 발견하지 못합니다. 그러나 질병을 하나님의 손에서, 그분의 자비에서, 그분이 구원을 위해 사용하시는 수단으로 여기는 사람들은 질병에서 기쁨과 위로를 찾게 됩니다.

때로는 건강할 때보다 질병 중에 있을 때 하나님께서 우리와 더 가까이 계시고 우리 안에 임재하신다는 사실을 깨닫게 되길 기도합니다. 의사에게 전적으로 의지하기보다는 당신을 치료해 주시는 하나님을 더 온전히 신뢰하십시오. 하나님보다 의학을 더 신뢰하는 것이 회복을 지체시킬 수도 있습니다. 왜냐하면 어떤 치료법을 사용하든 하나님께서 허락하셔야만 성공적으로 치료될 수 있기 때문입니다. 고통이 하나님께로부터 왔다면, 궁극적으로 그분만이 치유하실 수 있습니다. 하나님께서는 종종 영혼의 질병을 치료하기 위해 육체에 질병을 허락하시기도 합니다. 영혼과 육체의 유일한 의사이신 하나님을 의지하며 평안을 얻으십시오.

저는 당신이 주님의 식탁에서 먹고 마시는 것처럼 평안하다고 말할 것을 기대합니다. 충분히 그럴 만한 이유가 있습니다. 생각해 보십시오. 세상에서 가장 중한 범죄자가 왕의 식탁에서 먹고 왕과 같은 대접을 받으면서도, 죄를 사함 받았다는 확신이 없다면 얼마나 고통스러울까요? 저는 그가 왕의 선하심에 대한 신뢰 외에는 그 무엇도 진정시킬 수 없는 불안을 느낄 것이라고 생각합니다. 그래서 제가 왕의 식탁에서 어떤 즐거움을 누리든, 눈앞에 항상 존재하는 죄와 용서의 불확실성이 저를 괴롭힙니다. 하지만 저는 그 고통을 하나님을 기쁘시게 할 수 있는 무언가로 받아들입니다.

하나님께서 당신에게 허락하신 조건에 만족하십시오. 당신은 제가 행복하다고 생각하시겠지만, 저는 당신이 부럽습니다. 제가 하나님과 함께 고통받을 수 있다면, 고통과 괴로움은 저에게 천국이 될 것입니다. 반면에 아무리 큰 즐거움이라도 하나님 없이 누린다면, 그 즐거움은 저에게 지옥이 될 것입니다. 저에게 있어 유일한 즐거움은 하나님을 위해 무언가를 겪는 것입니다.

저는 머지않아 하나님께로 가야 합니다. 이 삶에서 위안이 되는 것은 제가 이제 믿음으로 하나님을 볼 수 있다는 사실입니다. 그래서 저는 때때로 믿는 것이 아니라 보는 것이라고 말합니다. 이런 방식으로 저는 하나님을 바라봅니다. 저는 믿음이 우리에게 가르치는 바를 느끼며, 그 확신과 믿음의 실천 속에서 하나님과 함께 살고 하나님과 함께 죽습니다.

하나님만이 고통 가운데 있는 당신에게 유일한 도움이자 위로가 되십니다. 그러니 항상 하나님과 함께하십시오. 저는 하나님께 당신과 함께해 달라고 간절히 기도하겠습니다. 그것이 제가 할 수 있는 일입니다.

**THE PRACTICE OF
THE PRESENCE OF GOD**

TWELFTH LETTER

열두 번째 편지

하나님께서는

우리가 먼저 그분을 떠나기 전에는

결코 우리를 버리지 않으십니다.

그러므로 우리가 두려워해야 할 것은

우리가 스스로

하나님 곁을 떠나는 것입니다.

우리가 하나님의 임재를 연습하는 데 충분히 익숙해지면, 육체의 불편함은 많이 완화될 것입니다. 하나님께서는 종종 우리의 영혼을 깨끗하게 하시고 그분 가까이에 머물도록 약간의 고통을 허락하시기도 합니다.

용기를 내십시오. 당신의 고통을 하나님께 아뢰고, 그 고통을 견딜 수 있는 힘을 달라고 기도하십시오. 무엇보다 하나님을 자주 생각하는 습관을 기르고, 가능한 한 그분을 잊지 않기 위해 노력하십시오. 당신의 연약함 가운데서 하나님을 높여 드리십시오. 그때마다 하나님께 자신을 드리십시오. 그리고 고통의 고비마다 겸손한 사랑의 마음으로 하나님께 간구하여 그분의 거룩한 뜻에 순종하게 해 달라고 기도하십시오. 부족하지만 저도 기도로 당신을 돕겠습니다.

우리를 그분께로 이끄시기 위한 하나님의 방법에는 여러 가지가 있습니다. 때때로 하나님께서 우리에게 자신을 숨기시는 듯 보이기도 합니다. 그러나 오직 믿음만이 우리의 버팀목이 됩니다. 믿음은 확신의 기초입니다. 우리는 모든 믿음을 하나님께 두어야 합니다.

하나님께서는 우리가 어려움 가운데 있을 때 우리를 실망시키지 않으실 것입니다. 하나님께서 어떻게 하실지 모르지만, 저는 늘 행복합니다. 온 세상이 고통을 겪고 있지만, 가장 혹독한 징계를 받아야 마땅한 저는 오히려 이 끊임없는 기쁨이 너무도 커서 도저히 감당할 수가 없습니다.

당신의 고통을 함께 감당하게 해 달라고 하나님께 기도하지만, 사실 저는 너무도 연약한 사람입니다. 하나님께서 저를 잠시라도 혼자 남겨두신다면, 세상에서 가장 비참한 사람이 될 것을 알고 있습니다. 하나님께서 저를 혼자 두시는 것은 상상조차 할 수 없습니다. 그러나 믿음은 이성만큼이나 강한 확신을 줍니다. 하나님께서는 우리가 먼저 그분을 떠나기 전에는 결코 우리를 버리지 않으십니다. 그러므로 우리가 두려워해야 할 것은 우리가 스스로 하나님 곁을 떠나는 것입니다. 우리는 늘 하나님과 함께해야 합니다. 하나님의 임재 안에서 살고, 하나님의 임재 안에서 죽어야 합니다. 제가 당신을 위해 기도하듯, 저를 위해서도 기도해 주십시오.

**THE PRACTICE OF
THE PRESENCE OF GOD**

THIRTEENTH LETTER

열세 번째 편지

하나님께

고통에서 벗어나게 해 달라고 구하는 대신,

하나님을 사랑하는 마음으로

모든 것을 견딜 수 있는

힘을 달라고 구하십시오.

당신이 오랫동안 고통을 겪는 모습을 보게 되어 마음이 아픕니다. 그러나 그 아픔이 당신에 대한 하나님의 사랑의 증거라는 사실이 저의 마음에 조금이나마 위로가 됩니다. 이러한 시각으로 고통을 바라본다면, 보다 수월하게 견딜 수 있을 것입니다. 저는 당신이 이런 시각으로 인간적인 치료를 중단하고, 전적으로 하나님의 뜻에 자신을 맡겨야 한다고 생각합니다. 아마도 하나님께서는 당신을 치유하시기 위해 인간적인 방법에 대한 포기와 그분에 대한 완전한 믿음을 기다리고 계실 것입니다. 당신이 이미 많은 치료를 받았음에도 회복되지 않고 병세가 더 악화된다면, 더 이상 기다리지 말고 전적으로 하나님의 손에 맡기십시오.

지난 편지에서 당신께 말씀드린 것처럼, 하나님께서는 때때로 영혼이 고통받는 사람들을 치유하시기 위해 육체의 고통을 허락하시기도 합니다. 용기를 내십시오. 피할 수 없다면 기꺼이 감내해야 합니다. 하나님께 고통에서 벗어나게 해 달라고 구하는 대신, 하나님을 사랑하는 마음으로 모든 것을 견딜 수 있는 힘을 달라고 구하십시오. 하나님께서 기뻐하시는 한 말입니다. 이런 기도는 처음에는 힘들지만 하나님을 기쁘시게 합니다. 또한 하나님을 사랑하는 사람들에게 유익이 됩니다.

사랑은 고통마저도 기쁨으로 바꾸어 줍니다. 그리고 하나님을 사랑할 때, 기쁨과 담대함으로 고통을 겪게 됩니다. 그러니 그렇게 해 보십시오. 하나님 안에서 위로를 얻으십시오. 하나님께서는 우리의 모든 질병을 치유하시는 유일한 치료자이십니다. 하나님께서는 고난당하는 이들의 아버지시며, 언제나 우리를 도울 준비가 되어 있으십니다. 하나님께서는 우리가 상상할 수 없을 정도로 무한히 우리를 사랑하십니다. 그러니 그 사랑에 보답하는 마음으로 하나님을 사랑하십시오. 다른 어디에서도 위로를 구하지 마십시오. 당신이 하나님께서 주시는 위로를 받으시길 소망하며, 인사를 전합니다.

부족하지만 기도로 여러분을 돕겠습니다.

**THE PRACTICE OF
THE PRESENCE OF GOD**

FOURTEENTH LETTER

열네 번째 편지

시작이 어렵다는 것을

잘 알고 있습니다.

그러나 우리는 또한 알고 있습니다.

하나님의 은혜가 있다면

모든 것을 할 수 있다는 사실을 말입니다.

당신이 바라던 대로 조금이나마 고통을 덜어 주신 우리 주님께 감사드립니다. 저는 종종 죽음에 가까이 갔지만, 돌이켜보면 그때만큼 만족스러웠던 적도 없었던 것 같습니다. 그때 저는 그 고난에서 벗어나게 해 달라고 기도하기보다 용기와 겸손과 사랑으로 고통을 감내하게 해 달라고 기도했습니다. 하나님과 함께 겪는 고난이라니, 이 얼마나 달콤한 일인지요! 그 고통이 아무리 크더라도 사랑으로 받아들이십시오. 하나님과 함께 받는 고난이라면, 그곳이 천국입니다. 이 세상에서 천국의 평안을 누리려면 하나님과 친밀해지고, 자신을 낮출 줄 알아야 하며, 그분과의 다정한 대화에 익숙해져야 합니다.

우리가 경계해야 할 것은 우리의 영혼이 하나님에게서 멀어지는 것입니다. 언제나 하나님을 높여 드릴 수 있도록 우리의 마음을 영적인 성전으로 만들어야 합니다. 또한 하나님을 실망시킬 수 있는 어떤 일도 하지 않도록 끊임없이 자신을 돌아보아야 합니다. 우리의 마음과 심장이 하나님으로 가득 차게 되면, 고통은 기름 부으심과 위로로 가득 차게 됩니다.

이러한 단계에 이르기 위해서는 순전한 믿음으로 행동해야 합니다. 시작이 어렵다는 것을 잘 알고 있습니다. 그러나 우리는 또한 알고 있습니다. 하나님의 은혜가 있다면 모든 것을 할 수 있다는 사실을 말입니다. 하나님께서는 간절히 구하는 자들을 결코 외면하지 않으십니다. 두드리십시오. 인내하며 두드리십시오. 그러면 하나님께서 정하신 그때에 당신에게 은혜를 베풀어 주실 것입니다. 오랫동안 유예하셨던 일을 한 번에 허락하실 것입니다.

제가 당신을 위해 하나님께 기도하듯, 저를 위해서도 기도해 주십시오. 곧 그분을 뵙게 되기를 바라며.

THE PRACTICE OF
THE PRESENCE OF GOD

FIFTEENTH LETTER

열다섯 번째 편지

그러므로

하나님께 온전히 은혜를 구하며

우리가 할 수 있는 최선을 다한다면,

우리가 그토록 간절히 바라던 변화가

우리 안에 일어나는 것을 보게 될 것입니다.

하나님께서는 우리에게 무엇이 필요한지 가장 잘 아시며, 하나님께서 하시는 모든 일은 우리를 위한 일입니다. 하나님께서 우리를 얼마나 사랑하시는지 안다면, 우리는 그분의 손에서 비롯된 고통이든 기쁨이든 모든 것을 받아들일 수 있을 것입니다. 하나님께로부터 온 모든 것이 기쁘게 느껴질 테니까요. 감당하기 어려운 고난일지라도 그 고난이 하나님의 손에서 비롯된 것임을 알 때, 우리를 낮추시고 고통을 허락하시는 분이 사랑의 아버지라는 것을 알 때, 우리가 당하는 고통 가운데 괴로움은 사라지고 위로를 얻을 수 있습니다.

우리는 하나님을 알기 위해 최선을 다해야 합니다. 그분을 알면 알수록, 하나님에 대해 더 많이 알고 싶어집니다. 얼마나 아느냐가 사랑의 척도가 되듯, 우리가 하나님을 더 많이, 더 깊게 알아 갈수록 하나님을 향한 우리의 사랑도 커집니다. 그리고 하나님을 향한 우리의 사랑이 커질수록 우리는 고통 속에서든, 즐거움 속에서든 언제나 하나님을 사랑하게 됩니다.

우리는 하나님께서 주시는 은혜를 구하고 사모함으로써 우리 자신을 속이곤 합니다. 그러나 그 은혜가 아무리 크더라도 순전한 믿음의 실천만큼 우리를 하나님께 가까이 가게 하는 것은 없습니다. 늘 믿음으로 하나님을 찾아야 합니다. 다른 곳에서 그분을 찾지 말고, 오직 우리 안에 계시는 하나님을 찾으십시오.

하나님을 기쁘시게 하지 않고 심지어 사소한 일로 분주해져 그분을 멀리한다면, 우리는 무례하다 비난받아 마땅합니다. 이런 사소한 일들로 인해 언젠가 우리는 큰 대가를 치러야 할 수도 있습니다. 하나님께 온전히 마음을 드리며, 마음속에 있는 다른 모든 것을 내려놓읍시다. 하나님께서는 오직 우리의 마음을 온전히 받기 원하십니다. 그러므로 하나님께 온전히 은혜를 구하며 우리가 할 수 있는 최선을 다한다면, 그토록 간절히 바라던 변화가 우리 안에 일어나는 것을 보게 될 것입니다.

하나님께서 당신에게 주신 위로에 대해 저는 이루

말할 수 없는 큰 감사를 드립니다. 곧 그분을 만나 뵙기를 바랍니다. 서로를 위해 기도합시다.

   로렌스 형제는 이 마지막 편지를 쓰고 며칠 후에 평화롭게 세상을 떠났다.

하나님의 임재 연습

THE PRACTICE OF THE PRESENCE OF GOD

Brother Lawrence

해제 및 도움의 글

하나님의 임재를 연습한다?

주원규(소설가, 동서말씀교회 목사)

그리스도인이라면 한 번쯤은, 아니 평생을 두고 곱씹으며 생각하게 되는 키워드가 있다. 그것은 바로 '하나님의 임재'다.

하나님의 임재하심은 성경에 자주 등장하며, 기도와 찬양에도 자주 거론되는 주제다. 그만큼 그리스도인에게 하나님의 임재는 신앙생활에서 빼놓을 수 없는 통과의례 같다는 생각이 들 정도다.

책의 해제를 쓰면서 하나님의 임재에 관해 곰곰이 생각해 보았다. '나는 삶의 길을 걸으며 하나님의 임재를 어떻게 경험했는가?' 이 질문은 다음과 같은 질문을 낳았다. '과연 하나님의 임재를 경험한다는 것은 어떤 의미일까? 그분의 임재하심은 어떤 경험치에만 전적으로 의존하는 걸까? 만약 그렇지 않다면 하나님의 임재란 나 자신과 오늘날 영성에 목말라 있는 수많은 그리스도인에게 어떤 방식으로 찾아오는 걸까?'

하나님의 임재를 떠올릴 때면 '특별함'이란 수식어가 늘 머릿속을 맴돌았다. 하나님의 임재를 경험하는 이들은 특별히 선택받은 사람들의 이야기가 아닐까 싶었다. 세속세계와 목회라는 세계를 동시에 오가는 필자에게 하나님의 임재란 무거운 숙제로 여겨졌고, 먼 나라 이야기 같았다. 늘 마음이 무거웠으며, 부끄럽지만 약간의 열등감도 느꼈다. 그런데 이 책을 다시 읽게 되면서 '하나님의 임재'라는 키워드에 대해 조금은 열린 마음을 갖게 되었음을 고백하고 싶다. 하나님의 임재가 특별하고 거창한 신앙 체험이 아닐 수도 있겠다는 용기를 얻게 된 것이다. 그래서 용기를 내어 이 책을 소개해 보고자 한다. 물론 이 역시 주관적인 인상일지도 모르겠지만, 이 또한 넓은 관점에서 하나님의 개입, 하나님의 임재라고 보면 어떨까?

『하나님의 임재 연습』의 저자 로렌스 형제(Brother

Lawrence)는 베일에 싸인 인물이다. 그는 로렌 지방에서 출생한 것으로 알려져 있지만, 실제 그의 생애에 관해 알려진 공적인 기록은 거의 없다. 그의 친구인 조셉 드 보포르(Joseph de Beaufort)를 통해 전해진 것이 그를 알 수 있는 유일한 정보다.

보포르의 언급에 의존해 로렌스 형제의 삶을 좇아보면, 10대 시절 그는 한겨울 벌거벗은 앙상한 나무로 대표되는 자연의 신비와 이치를 보며 세상과는 다른 삶을 떠올리고 열망하게 되었다. 하지만 이때까지만 해도 하나님을 향한 깊은 몰입이 이루어지지는 않은 것으로 보인다.

이후 그는 가난이라는 문제를 해결하기 위해 군에 입대했다. 로렌 공국의 군인으로서, 독일을 무대로 신교와 구교를 지지하는 국가들 사이에서 벌어진 매우 처참한 '30년 전쟁'(1618-1648)에 참전하게 된 것이다. 전쟁의 화마가 그에게 안겨 준 것은 심각한 다리 부상이었지만, 이것을 전화위복이라고 해야 할까? 육신의 연약함을 통해 하나님을 향한 갈망에 눈뜨게 되었으니 말이다.

그 후 로렌스 형제는 파리에 소재한 가르멜 수도회에 수도사로 입회했다. 그는 따로 신학 교육을 받은 바가 없었기에 평신도 수도사로 임명받았다. 이후, 로렌스 형제가 얻은 닉네임은 '부활의 로렌스'(Laurent de la Résurrection)였다.

가르멜 수도회에서 그가 맡은 일은 주방에서 음식을 준비하는 것이었다. 그는 수도원의 차갑고 단조로운 주방에서 백여 명이 넘는 수도자들을 위해 음식을 준비하는 일을 맡아 15년간 섬겼다. 그러나 다친 다리로 식료품을 조달하기 위해 먼 길을 오가는 것이 점점 힘에 부쳤는지, 15년이 지난 이후 그는 신발 수선공으로서 새로운 일을 시작하게 되었다. 이로 미루어 보건대, 그는 대단하지 않아 보일 수 있는 수도원 내 일상적인 업무를 맡았던 것 같다. 주방에서 음식을 준비하고, 낡고 닳은 신발을 수선하는 일을 우리는 보통 '허드렛일'이라고 부르기 때문이다. 그는 그렇게 평생을 수도원에서 허드렛일을 하며 하나님과 동행하다가 1691년 2월 12일 하나님께 부르심을 받았다.

로렌스 형제의 일생에 대해 살펴보고 나니, 필자에

게는 난처한 거리감이 두 가지나 생겼다. 하나는 수도사로서의 그의 삶이 필자를 포함한 오늘 현대 사회를 살아가는 우리의 모습과 지나치게 동떨어져 보인다는 점이었다. 또 하나는 어떤 면에서는 부끄러운 고백인데, 평신도 수도사로서 그가 한 일에 대해 어떤 선입견이 생겼다. 그 선입견은 신학을 깊이 연구한 것도 아니고, 교회 안팎으로 혁혁한 공을 세운 것도 아닌 그가 과연 우리에게 어떤 귀감이 될 수 있을까 하는 의구심이었다.

하지만 책을 읽고 나니 생각이 달라졌다. 오랜 시간이 걸리지도 않았다. 하루, 아니 반나절만 이 책을 읽고 나면, 필자가 언급한 두 가지 난처한 거리감이 머릿속에서 곧 삭제될 것이다. 난처한 거리감이 삭제된 자리에는 그리스도인의 신앙고백과 하나님의 임재에 대한 체험이 시대, 역사, 인종, 사회적 배경을 훌쩍 뛰어넘는다는 확신으로 채워졌다. 또한 세상의 눈으로 볼 때 보잘것없어 보이는 그의 표면적 삶을 뛰어넘는 영적 교훈이 강렬하고 뜨겁게 필자의 마음을 울리며 절로 탄성을 자아냈다.

늘 그랬던 것처럼, 필자는 책의 제목을 접할 때 드는 공감과 낯선 감정과 마주했다. 우리는 과연 하나님의 임재를 연습해서 앞당기거나 풍요롭게 할 수 있을까? 만약 그렇다면 그것은 전적인 하나님의 은혜가 아닐까? 우리말의 '연습'이란 단어가 실전을 준비하는 과정으로 들리는 것도 그렇다. 하지만 이 책을 읽어 보면 하나님의 임재 연습은 실전과 준비 과정의 구분이 없는, 늘 우리 존재의 안팎에서 함께하시는 하나님의 사랑과 그분의 숨결을 느끼고 역동적인 삶에서의 하나님께 문 열기로 다가왔다. 거기에 또 하나, 연습에는 훈련과 인내를 동반한다는 마음 깊은 곳에서부터의 울림이 함께했다.

저자 로렌스 형제는 책을 통해 말한다. 신앙생활에서 가장 중요한 것은 하나님의 임재 연습이라고 말이다. 이때의 연습은 하나님께서 언제나 우리와 함께 계신다는 사실에 대한 확신과 기억이다. 또한 그 확신을 잃어버리지 않고 지속하기 위한 차원에서의 마음을 여는 적극적인 행동이다. 그 행동은 일상의 훈련 없이, 연습하지 않고 하늘에서 떨어지듯 주어지지 않는다. 이것은 우리가 사는 세상을 보면 더욱 분명해진다.

숱한 이해관계와 욕망의 충돌로 엉망이 되어 가고 있는 세상에서 창조주 하나님을 느끼고 호흡하고 찬양한다는 게 갈수록 인색해지고, 무엇보다 옛날 옛적 이야기처럼 여겨질 때가 많다. 자꾸만 하나님의 사랑이 추상적인 종교 전통처럼 취급되는 것 같다.

그러나 이 책은 그러한 관성, 비관적 타성이 우리 삶에 찾아오시는 하나님의 임재를 얼마나 황폐하고 무감각하게 만드는지 차분하고도 단호하게 경고하고 있다. 때로는 따뜻하고 부드러운 찬미의 언어로, 때로는 강한 확신과 피할 수 없는 신앙의 다짐으로 그리스도인의 마음 깊이 정성껏 눌러 쓴 일종의 경고문, 예언서로도 느껴진다.

로렌스 형제는 수도원이라는 커다란 울타리 안에서 평생을 보낸 수도사였다. 종신토록 세속의 삶과는 거리를 둔, 그래서 지금의 일상과는 다른 종교적 엄격함에 젖어 지냈다고 생각할 수 있다. 책을 읽어 보기 전 필자의 생각도 그랬다. 힘겹게 살아온 격동의 한국 사회, 한국교회의 현실과는 다르다고 생각했다.

하지만 그 생각은 전적으로 수정되어야 했다. 로

렌스 형제는 주방에서 일하는 사람, 신발 수선공으로 살았다. 그는 분명 수도원 안에서 신성하고 거룩한 삶을 살았지만, 동시에 우리 삶의 일상과 가장 맞닿아 있는 먹고사는 삶의 최전방에서 일했다. 이것은 오늘날 우리도 다르지 않다. 생계를 위해 직업을 갖고, 돈을 벌고, 가족을 부양하고, 시대를 걱정하고, 자연을 즐기는 일상을 살아간다. 로렌스 형제가 지냈던 수도원의 안팎처럼 삶의 조건에 구별이 없다면, 우리 역시 거대한 희망과 제법 진지한 신앙에 대한 각오를 동시에 다지게 된다. 로렌스 형제가 사랑하는 하나님이 바로 우리가 사랑하는 하나님이다. 로렌스에게 있어서 가장 중요한 것이 주어진 일상의 모든 것을 통해 하나님을 바라보고 함께하는 깨달음이듯, 우리 역시 하나님과 함께하는 임재의 신비를 지속하는 것이다.

로렌스 형제가 큰일이든, 작은 일이든 자신에게 주어진 일을 할 때 하나님을 사랑하는 마음으로 했다는 것이 책 전체에 스며들어 있음을 보게 된다. 사람의 눈에 보잘것없어 보이는 일일지라도 어느 순간 하나님의 임재를 경험하는 소중한 통로가 되어 준다는 것,

그 신비로운 가능성에 눈을 뜨는 것이 인간의 가장 큰 기쁨이고, 유일한 존재의 목적이란 사실과 함께 말이다. 어쩌면 책을 읽는 자체, 삶을 살아가는 자체, 삶을 살아가며 주님의 사랑을 느끼고, 그분과 함께 숨 쉬는 그 자체가 하나님의 임재 연습이 아닐까?

성경에 나타난 놀라운 이적, 강렬한 성령의 은사를 체험하는 것도 소중하다. 전심이 뜨거워지고 하늘의 문이 열리는 듯한 해방감과 충만을 느끼는 기도 역시 할 수만 있다면 더 풍요롭고 야무지게 우리의 신앙생활에 채워 넣고 싶다. 하지만 영성은 특별한 은사로만 나타나는 게 아니다. 우리 삶에 임재하시는 하나님의 역사는 가장 흔하고, 단조로운 일상의 순간순간에 찾아온다. 때로는 수줍게, 때로는 경이롭게 말이다.

로렌스 형제의 『하나님의 임재 연습』은 우리의 삶 가운데 임재하신 하나님을 보고자 하는 훈련의 애환을 담고 있다. 한순간에 벼락같이 얻는 은혜가 아닌, 스펀지에 물이 스며들듯 삶에서 조금씩 하나님의 임재와 사랑에 눈을 뜨는, 지름길 없는 연습의 황홀을

긍정하고 있다. 빛나는 하나님의 임재를 느끼는 모든 순간이 그리스도인의 삶을 더할 수 없이 풍요롭게 고조시키길 기대해 본다.

"나의 하나님이시여, 주께서 저와 함께하시니 이제 주님의 명령을 따라 이 일에 마음을 집중하려고 합니다. 계속해서 하나님의 임재 안에 머물 수 있도록 은혜 주시기를 간구합니다. 주님, 저를 도우시고 인도하소서. 제가 하는 모든 일을 받으시고, 저의 모든 사랑을 받아 주소서." (본문 중에서)

하나님의 임재 연습

역자 배인병

장로회신학대학교(Th.B), 동 대학 신학대학원(M.Div)에서 수학하고, 현재는 독일 드레스덴 대학교의 조직신학 박사 과정에 있다. 신앙은 질문하는 힘이요, 신학은 그 질문을 생생하게 보존하여 성찰하는 학문이라는 신념을 가지고 신학의 길에 정진하고 있다. 옮긴 책으로는 『크리스마스의 집』(소북소북, 2022)이 있다.

하나님의 임재 연습
The practice of the presence of God

초판인쇄 2024년 3월 4일
초판발행 2024년 3월 14일

지 은 이 로렌스 형제
옮 긴 이 배인병
펴 낸 이 진호석
발 행 처 PCKBOOKS
주　　소 03128 / 서울시 종로구 대학로3길 29, 신관 4층(총회창립100주년기념관)
편 집 국 (02) 741-4381 / 팩스 741-7886
영 업 국 (031) 944-4340 / 팩스 944-2623
홈페이지 www.pckbook.co.kr
인스타그램 pckbook_insta　　　　　　**카카오채널** 한국장로교출판사
등　　록 No. 1-84(1951. 8. 3.)

책임편집 정현선　　　　　　　　　　**표지디자인** 김소영
편　　집 이슬기 김은회 이가현 강수지　**디자인** 남충우 김소영 남소현
경영지원 박호애　　　　　　　　　　**마케팅** 박준기 이용성 성영훈 이현지

ISBN 978 - 89 - 398 - 8005 - 4
값 9,900원

PCKBOOKS 은 한국장로교출판사의 출판 브랜드입니다.

※ 이 출판물은 저작권법에 의해 보호를 받는 저작물이므로 무단전재와 무단복제를 할 수 없습니다.